POR QUÉ NOS GUSTA
EL BALONCESTO

BLACK RABBIT BOOKS

AIDAN WHITCOMB

TABLA DE CONTENIDOS

1

James y la canasta de duraznos

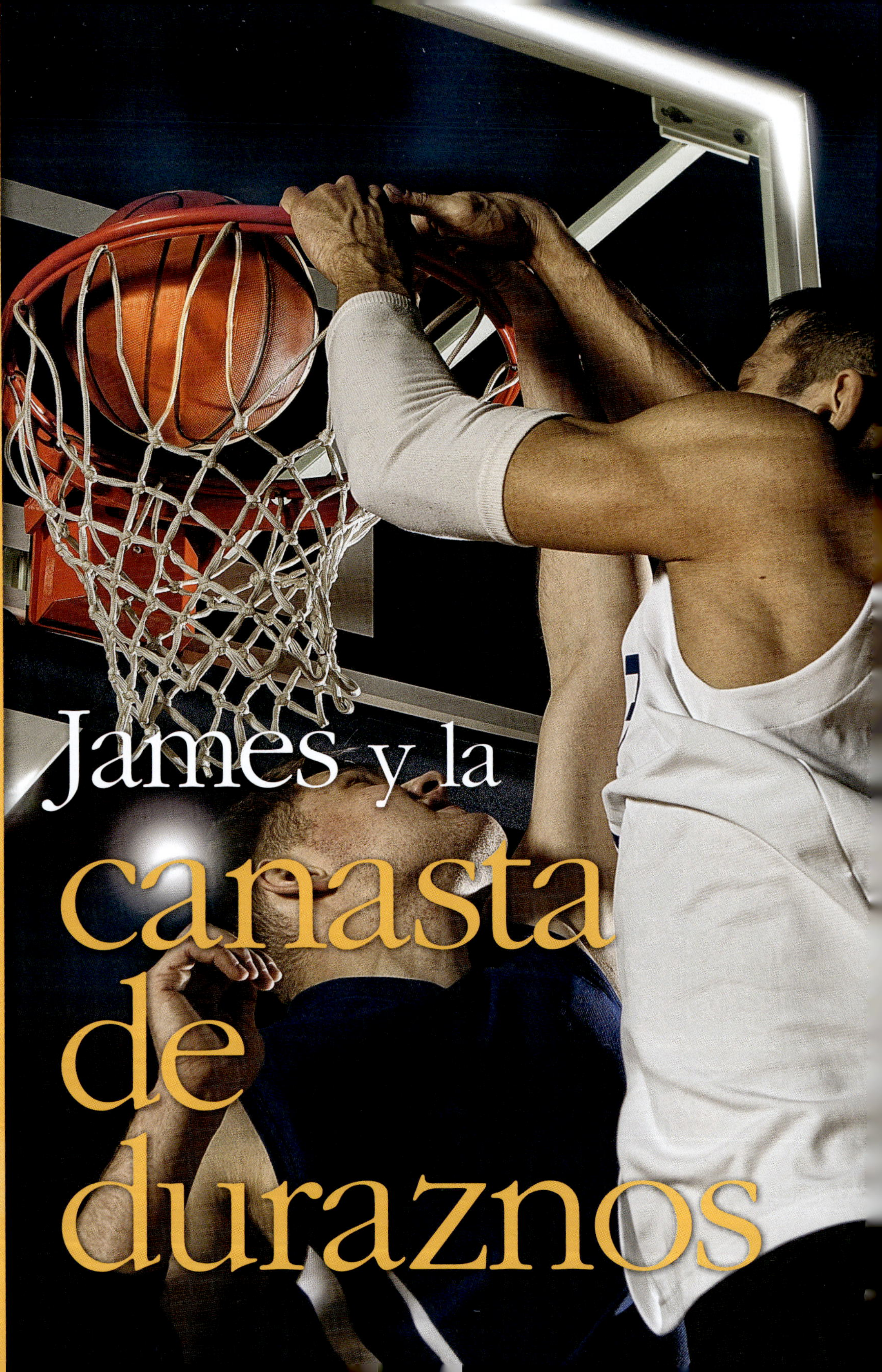

El baloncesto tiene una rica historia. Fue inventado por James Naismith en 1891. Naismith usó canastas de duraznos como aros. Ahora los aros son diferentes. Tienen bordes de acero y tableros de vidrio.

Mucho ha cambiado desde 1891. En 1949, se creó la Asociación Nacional de Baloncesto (NBA). La nueva liga atrajo a los aficionados. El deporte creció rápidamente. En 2024, 22.5 millones de aficionados asistieron a los partidos. El baloncesto tiene seguidores de todas las edades.

Estatua de James Naismith y una canasta de duraznos

2

Dentro del estadio

El baloncesto es un gran deporte para ver en vivo. Los partidos son rápidos y dinámicos. Hay clavadas espectaculares. Los jugadores lanzan triples desde lejos. Los estadios de baloncesto están llenos de energía. Los aficionados animan con entusiasmo. Tratan de aparecer en el jumbotrón.

Los jugadores de baloncesto aman a sus aficionados. Algunos se toman fotos con ellos. Otros firman balones, camisetas y gorras. Muchas celebridades son aficionadas al baloncesto. ¡A todos les encanta ver a los mejores del deporte!

¿Sabías que...?

Hay 2,200 millones de aficionados al baloncesto en todo el mundo.

3

Superestrellas sensacionales

Stephen Curry

Los aficionados aman a las superestrellas de la NBA. Stephen Curry es una de ellas. Juega como base en los Golden State Warriors. Sus aficionados admiran su energía. Curry es conocido por su tiro. Ha encestado más triples que nadie en la historia de la NBA.

LeBron James es otro favorito de los aficionados. Ha estado en la NBA desde 2003. Tiene la mayor cantidad de puntos en su carrera. Es conocido por su fuerza y potencia. James es uno de los GOAT del baloncesto.

Piensa en esto ¿Quién es tu jugador profesional de baloncesto favorito? ¿Cuáles son sus mejores habilidades?

LeBron James

4

Clavadas espectaculares

Nate Robinson

Una de las jugadas más emocionantes en el baloncesto es la clavada. Los jugadores saltan alto. Luego lanzan el balón al aro. ¡La multitud enloquece! Uno de los mejores jugadores en hacer clavadas en la NBA es Anthony Edwards. Se eleva por el aire.

Cada año, la NBA organiza el Concurso de Clavadas. Los jugadores intentan clavadas desafiantes y creativas. Los jueces otorgan puntos a sus favoritas. Nate Robinson ganó tres concursos. ¡Mide solo 5 pies y 9 pulgadas (1.75 metros)! Eso es bajo para la mayoría de los jugadores de baloncesto. Aun así, hace clavadas impresionantes.

Piensa en esto

¿Qué requiere más habilidad: una clavada potente o un triple desde lejos?

Nate Robinson

5

Bienvenidos a la W

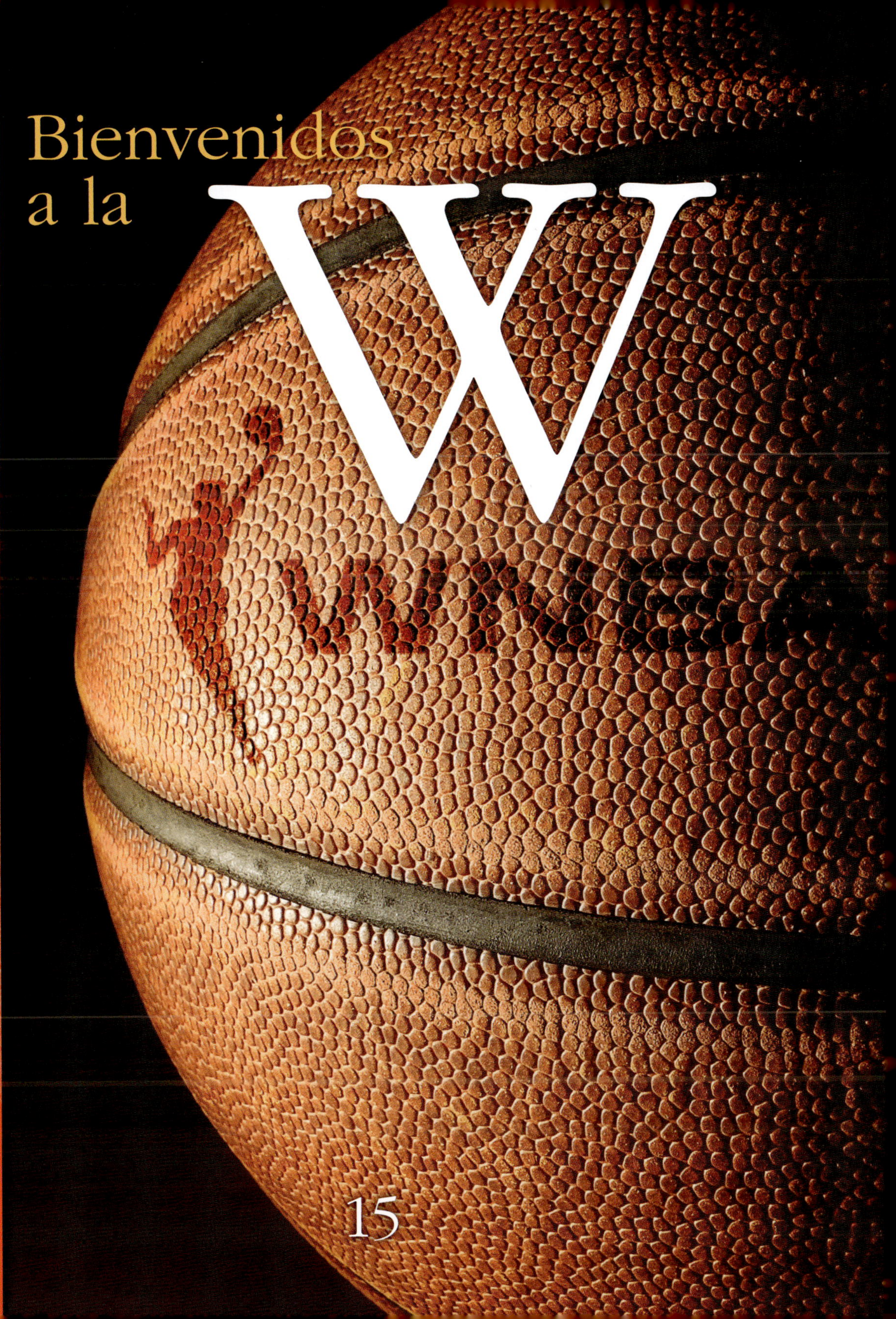

En 1996, se fundó la Asociación Nacional de Baloncesto Femenino (WNBA). La WNBA tiene muchos aficionados. Actualmente, hay 12 equipos. La liga cuenta con muchas estrellas. Han inspirado a muchas jóvenes.

Sheryl Swoopes fue una leyenda desde el inicio de la liga. Maya Moore impresionó a los aficionados en la década de 2010. Hoy en día, jugadoras jóvenes como Caitlin Clark y Angel Reese asombran a los aficionados. Más personas que nunca están viendo baloncesto para seguir a las nuevas estrellas de la WNBA.

Maya Moore

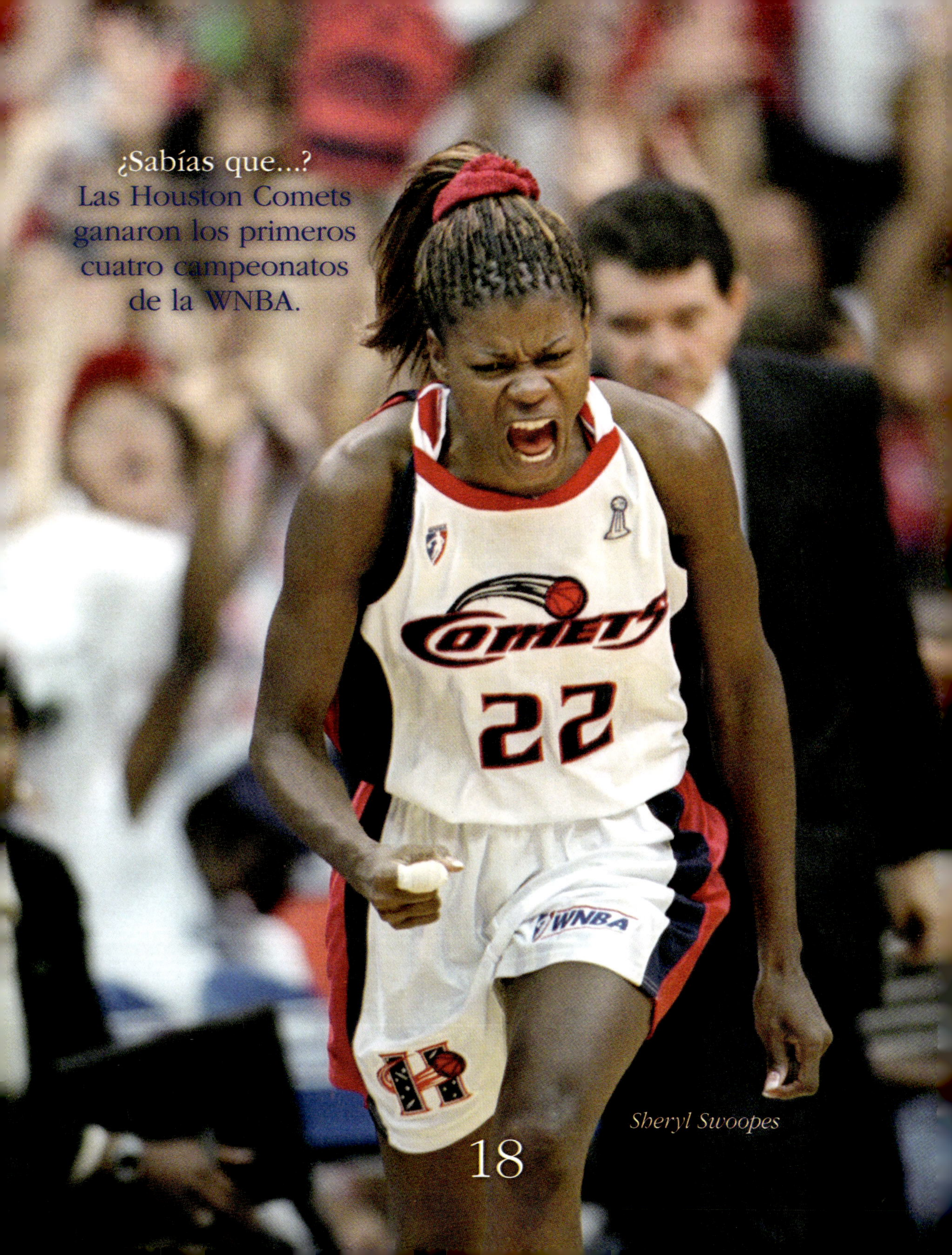

¿Sabías que...?
Las Houston Comets ganaron los primeros cuatro campeonatos de la WNBA.

Sheryl Swoopes

6 March Madness

El baloncesto universitario también es extremadamente popular. Cada año, la temporada termina con March Madness. Es un torneo que reúne a los mejores equipos universitarios. Hay un torneo masculino y otro femenino. Millones de aficionados lo ven para disfrutar de la "locura".

Los mejores cuatro equipos juegan en el Final Four. ¡Los partidos se disputan en estadios de fútbol americano! Miles de aficionados llenan el estadio. Están orgullosos de sus universidades. Al final, se corona a un campeón nacional. Muchas estrellas universitarias son reclutadas por la NBA o la WNBA.

¿Sabías que...?
UCLA ganó más títulos de baloncesto masculino. UConn tiene más títulos en baloncesto femenino.

MÁS PARA EXPLORAR

DATOS FANTÁSTICOS

La jugadora más alta de la WNBA de todos los tiempos fue Margo Dydek, con 7 pies y 2 pulgadas (2.2 metros).

Un tiro de 89 pies (27 metros) de Baron Davis es el más largo en la historia de la NBA.

Diana Taurasi formó parte del equipo de EE. UU. seis veces. Ayudó a su equipo a ganar el oro olímpico en cada una de ellas.

Kareem Abdul-Jabbar tiene la mayor cantidad de premios MVP de la NBA con seis.

Joe Fortenberry fue la primera persona en hacer una clavada en un partido en 1936.

Wilt Chamberlain anotó el mayor número de puntos de la historia en un partido: ¡100!

MÁS PARA EXPLORAR

COMPARACIONES INTERESANTES

¿Qué equipos de la NBA y WNBA tienen más campeonatos?

(desde 2024)

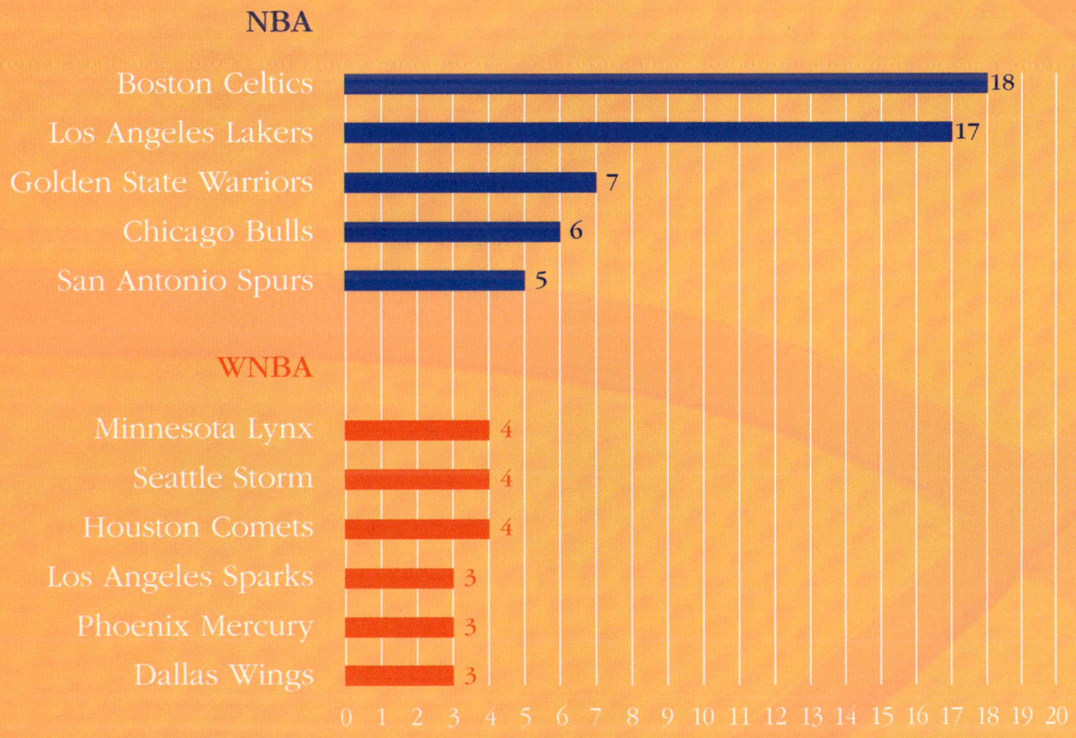

MÁS PARA EXPLORAR

RECURSOS

Glosario

base Jugador que se encarga de liderar al equipo cuando intenta anotar.

GOAT Una persona que es excelente o la mejor en su disciplina. GOAT significa "Greatest of All Time" (el mejor de todos los tiempos).

jumbotrón Pantalla de video de grandes dimensiones utilizada en los estadios deportivos.

liga Un grupo de equipos deportivos que juegan unos contra otros.

reclutar Elegir un jugador para un equipo profesional a través de un sistema especializado.

Índice alfabético

TOP RANK es publicado por Black Rabbit Books, P.O. Box 227, Mankato, MN, 56002. • Top Rank un sello de Black Rabbit Books • Diseño de Danny Nanos • Fotografías © Associated Press/Darren Abate, 7, Darron Cummings, cover, 1; Getty Images/Christopher Hook/Icon Sportswire, 20, David Berding, 16, Greg Nelson, 2, Jamie Squire, 19, Jed Jacobsohn, 14, Joe Buglewicz, 21, Kavin Mistry, 8–9, Leon Bennett, 17, Ronald Martinez, 11, 12–13, 18, Scott Wachter, 6; Shutterstock/Andrey Burmakin, 4, New Africa, 23, Nigel Jarvis, 5, Oleksii Sidorov, cover, 1, Ruslan Ivantsov, 16, Victor Moussa, 13, zimmytws, 15 • Impreso en India.

Library of Congress Cataloging-in-Publication Data: Names: Whitcomb, Aidan, author. | Title: Por qué nos gusta el baloncesto / by Aidan Whitcomb. | Other titles: Why we love basketball. Spanish | Description: Mankato, MN: Top Rank is an imprint of Black Rabbit Books, [2026] | Series: Por qué nos gustan los deportes | Includes index. | Ages 8–11 years | Grades 2–3 | Identifiers: LCCN 2024054694 (print) | LCCN 2024054695 (ebook) | ISBN 9781644669754 (lib. bdg.) | ISBN 9781644669891 (paperback) | ISBN 9781645824459 (ebook) | Subjects: LCSH: Basketball—Juvenile literature. | Basketball players—Juvenile literature. | Women basketball players—Juvenile literature. | National Basketball Association—Juvenile literature. | Women's National Basketball Association—Juvenile literature. | Classification: LCC GV885.1 .W53418 2026 (print) | LCC GV885.1 (ebook) | DDC 796.323/640973—dc23/eng/20241224